AF321184

# NOUVELLE ÉTUDE

## SUR LA DATE

DE

# L'ÉGLISE DE SAINT-GERMER

RÉPONSE A M. DE DION

PAR

## Eugène LEFÈVRE-PONTALIS

BIBLIOTHÉCAIRE DU COMITÉ DES TRAVAUX HISTORIQUES
ET SCIENTIFIQUES

MEMBRE DE LA SOCIÉTÉ FRANÇAISE D'ARCHÉOLOGIE

# CAEN

IMPRIMERIE LE BLANC-HARDEL

HENRI DELESQUES, SUCCESSEUR

RUE FROIDE, 2

1896

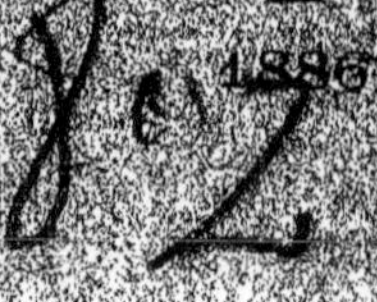

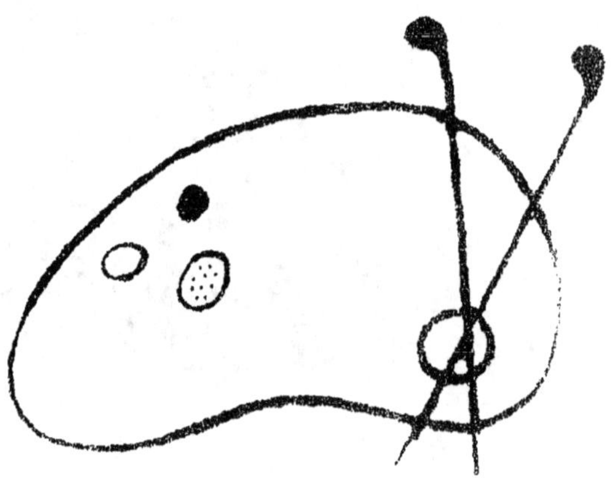

Tiré d'une série de dessins
en couleur

# NOUVELLE ÉTUDE

## SUR LA DATE

DE

# L'ÉGLISE DE SAINT-GERMER

RÉPONSE A M. DE DION

PAR

## Eugène LEFÈVRE-PONTALIS

BIBLIOTHÉCAIRE DU COMITÉ DES TRAVAUX HISTORIQUES
ET SCIENTIFIQUES

MEMBRE DE LA SOCIÉTÉ FRANÇAISE D'ARCHÉOLOGIE

## CAEN

IMPRIMERIE LE BLANC-HARDEL

HENRI DELESQUES, SUCCESSEUR

RUE FROIDE, 2

—

1886

Extrait du *Bulletin monumental*, 52ᵉ volume, 1886.

# NOUVELLE ÉTUDE

## SUR LA DATE

DE

# L'ÉGLISE DE SAINT-GERMER

## RÉPONSE A M. DE DION

---

Nous ne pouvons donner aux lecteurs du *Bulletin monumental* une seconde édition de l'article que nous avons récemment publié sur l'église de Saint-Germer (1), et il n'entre pas dans notre pensée d'expliquer sous une autre forme comment nous avons été conduit par l'étude des textes, l'analyse et la comparaison à faire remonter cet édifice au second quart du XIIe siècle. Nous avions admis qu'aucune partie apparente de l'église ne pouvait être antérieure à l'année 1130 environ. M. de Dion pense que certaines parties de la nef et du chœur appartiennent à un monument religieux plus ancien, élevé au XIe siècle. Les archéologues apprécieront quel est celui d'entre nous qui apporte les meilleurs arguments à l'appui de sa thèse.

---

(1) *Bibliothèque de l'École des Chartes*, t. XLVI, 1885, p. 475.

M. de Dion est d'avis que l'église actuelle de Saint-
Germer « fut élevée au XI⁰ siècle, en style roman et
sans voûtes, puis voûtée et remaniée à l'époque ogi-
vale. » Ce qui a frappé notre honorable contradicteur,
c'est que l'église de Saint-Germer est dépourvue d'arcs-
boutants, et il s'est demandé comment l'architecte
avait pu concevoir l'idée de recouvrir la nef sans avoir
à sa disposition des moyens suffisants pour résister à
la poussée des voûtes. Il en a conclu que cette idée
imprudente n'avait pu venir à la pensée du constructeur
primitif et que les voûtes avaient été ajoutées beaucoup
plus tard. Mais, si M. de Dion avait examiné certains
édifices élevés au XII⁰ siècle dans le Beauvaisis,
il aurait vu que ce fait n'est pas un exemple isolé
dans la région. Les églises de Chars (Seine-et-Oise),
de Saint-Étienne de Beauvais (1), de Bury, de La
Villetertre, de Cambronne, de Saint-Évremond à
Creil, d'Acy-en-Multien et de Foulangues (Oise) présentent toutes des nefs du XII⁰ siècle recouvertes de
croisées d'ogives de la même époque et néanmoins
leurs murs sont épaulés par de simples contreforts peu
épais. Les architectes comptaient sur la solidité et
l'épaisseur des murailles pour arrêter la poussée des
doubleaux et des nervures ; leur espoir n'a pas été
déçu puisque les voûtes de ces églises sont encore intactes. Ainsi, le constructeur de Saint-Germer n'avait
aucune raison pour renoncer à voûter l'édifice, et si
une grande partie des voûtes de la nef n'existe plus

---

(1) Les voûtes sur croisée d'ogives, qui recouvraient dans
l'origine la nef de cette église, n'existent plus aujourd'hui,
mais celles qui les ont remplacées ne sont pas postérieures à
l'année 1185 environ.

aujourd'hui, ce n'est pas, comme le croit M. de Dion, parce qu'elles sont tombées naturellement à cause de l'écartement des murs, c'est qu'elles ont été démolies avec la façade et les deux tours, quand l'abbaye de Saint-Germer fut dévastée par les Bourguignons, en 1414.

Pour faire comprendre comment l'arc en plein-cintre se trouve employé concurremment avec l'arc en tiers-point dans l'église de Saint-Germer, M. de Dion pense que cette juxtaposition résulte de reprises en sous-œuvre et qu'il faut expliquer de la même manière le mélange de ces deux formes dans les autres églises du XII° siècle. Nous ne pouvons pas partager cette opinion et M. de Dion ne l'aurait certainement pas émise, s'il avait vu un plus grand nombre d'églises rurales élevées au XII° siècle dans le Beauvaisis et dans le Soissonnais. C'est ainsi que les nefs des églises de Villers-Saint-Paul, de Bury, de Béthizy-Saint-Martin, de Cambronne, d'Acy-en-Multien, d'Orrouy, de La Villetertre, de Glaignes (Oise), de Laffaux, d'Urcel, de Vauxrezis, de Berzy-le-Sec, d'Azy-Bonneil, de Glennes et de Largny (Aisne), n'ont jamais subi de remaniements et cependant leurs grandes arcades sont en tiers-point tandis que les fenêtres, les portails et les baies des clochers sont en plein-cintre. Le mélange des deux formes d'arcs ne fut pas rarement employé au XII° siècle dans le Nord de la France, comme le croit M. de Dion, il est au contraire continuel et les architectes de la région ont mis près d'un siècle avant de se décider à remplacer partout l'arc en plein-cintre par l'arc en tiers-point. Le changement ne s'est donc pas fait brusquement, et c'est une grande erreur de croire que l'emploi des deux arcs résulte presque toujours de

remaniements postérieurs. Les modifications de ce
genre sont des exceptions, et il est imprudent de
vouloir en tirer une règle générale. Mais, pour traiter
en détail ce sujet, il faudrait sortir du cadre de notre
réponse, et nous n'avons pas l'intention d'expliquer
ici comment nous avons pu établir, en soutenant notre
thèse à l'École des Chartes, que l'arc en tiers-point
apparut successivement dans les doubleaux, dans les
arcs des travées, dans les triforiums, dans les portails,
dans les baies des clochers, dans les fenêtres et en
dernier lieu dans les arcatures.

Nous approuvons sans réserve les remarques si judi-
cieuses de M. de Dion sur les reprises en sous-œuvre
exécutées au XIIe et au XIIIe siècle dans les cathédrales
du Mans et de Bamberg et dans les églises de Notre-
Dame-en-Vaux, à Châlons-sur-Marne et de Saint-Martin
de Laon, mais de ce que ces églises ont été remaniées,
il n'en résulte pas que celle de Saint-Germer ait subi une
transformation analogue. Il faudrait en donner des
preuves irréfutables, et c'est sur ce point que M. de
Dion s'expose le plus à la critique. Pour justifier sa
théorie, il suppose que tous les piliers de la nef de
Saint-Germer renferment d'anciennes piles du XIe
siècle cantonnées de quatre colonnes ; c'est une simple
hypothèse et nous ne savons pas comment il est par-
venu à reconnaître que ces piliers avaient $0^m,80$ de
côté. Ce qui fait supposer à M. de Dion que les piles
actuelles en contiennent d'autres plus anciennes, c'est
qu'elles ont un volume considérable et un diamètre de
$2^m,20$, mais cette dimension n'a rien d'extraordinaire,
car on rencontre à Chars (Seine-et-Oise) des piles
analogues qui ont $2^m,15$ de diamètre. Les piliers de
l'église Saint-Évremond à Creil et ceux de l'église de

La Villetertre (Oise) ont 2<sup>m</sup>,10, et ceux de l'église d'Acy-en-Multien (Oise) mesurent 2<sup>m</sup> de largeur. Tous ces édifices, contemporains du XII<sup>e</sup> siècle, sont recouverts de voûtes et dépourvus d'arcs-boutants, et c'est pour donner une grande stabilité aux murs de la nef que les architectes ont donné aux supports une aussi forte épaisseur; c'est grâce à cette précaution que la poussée des voûtes n'a pas produit dans ces églises des effets dangereux.

Nous avons fait tout récemment un voyage spécial à Saint-Germer pour examiner jusqu'à quel point la théorie de M. de Dion pouvait être admise à propos des piliers de la nef. De légers sondages nous ont permis de reconnaître que toutes les petites colonnettes placées autour de ces supports ne font pas corps avec la masse et qu'elles se composent simplement d'assises indépendantes engagées dans des retraits, mais il n'en est pas de même des quatre grosses colonnes qui occupent l'extrémité des axes. Au premier abord, il semble donc qu'on se trouve en présence de piliers garnis de colonnettes après coup, et nous étions tout disposé à adopter cette solution quand nous avons eu la pensée d'examiner également les grosses piles engagées dans la façade actuelle. Nous y avons observé la même particularité. Or, aucun archéologue ne pourrait admettre que ces piles appartiennent en partie à une époque antérieure au XII<sup>e</sup> siècle, puisqu'elles ont été spécialement établies pour supporter les deux clochers de la façade élevés au XII<sup>e</sup> siècle et détruits en 1414 par les Bourguignons. Il est donc permis de supposer que c'est par suite d'un système et non pas à cause de l'existence d'un noyau plus ancien que l'architecte de Saint-Germer appareilla ses colonnettes suivant cette méthode.

M. de Dion fait observer dans son article que l'église de Saint-Germer offre à l'extérieur l'aspect d'une église romane et qu'elle présente à l'intérieur le caractère d'une église gothique. « Comme il est difficile d'admettre, dit-il, que l'architecte ait suivi simultanément deux styles différents, l'un en dehors, l'autre au dedans de l'édifice, il est plus que probable qu'on se trouve en présence d'un remaniement. » Cette argumentation est loin d'être péremptoire, surtout si l'on considère que toutes les églises du Beauvaisis et du Soissonnais, bâties entre 1120 et 1160, offrent précisément le caractère qui a frappé M. de Dion. Il y a déjà trente ans que M. Graves a fait ressortir cette particularité dans un de ses ouvrages (1), et elle s'explique facilement quand on sait que les architectes de la région employèrent l'arc en plein-cintre dans les fenêtres des églises jusqu'en 1160 environ, tandis qu'ils avaient adopté depuis longtemps déjà l'arc en tiers-point pour les doubleaux et les arcs des travées, comme nous l'avons expliqué plus haut. De là ces deux caractères si différents des églises de la région, selon qu'on se trouve en dedans ou en dehors du monument, et la remarque faite par M. de Dion s'applique aussi bien à l'église de Saint-Germer qu'à celles de Vailly, de Vorges, de Laffaux, d'Aizy, de Berzy-le-Sec, de Saint-Pierre de Soissons, de Glennes, de Lhuys, de Bazoches, de Courmelles, de Saconin, de Vauxrezis, d'Urcel, d'Azy-Bonneil, de Dhuizel, de Vieil-Arcy (Aisne), de Bury, de Foulangues, de Villers-Saint-Paul, de Cuise, de Chelles, de Saint-Évremond de Creil, de La Villetertre et d'Acy-

_______

(1) *Notice archéologique sur le département de l'Oise*, 2ᵉ éd., p. 350.

en-Multien (Oise). Or, comme M. de Dion ne saurait prétendre que tous ces édifices aient été remaniés après coup, l'argument dont il se sert ne peut en aucune façon justifier sa théorie, et ce qu'il présente comme un caractère particulier à l'église de Saint-Germer n'est qu'un caractère général des églises du XII⁰ siècle dans la région.

Nous avons hâte d'arriver au point capital de cette discussion archéologique, c'est-à-dire à la question de la date des tribunes de l'église qui doivent être considérées, suivant M. de Dion, comme une partie apparente de l'édifice religieux bâti à Saint-Germer au XI⁰ siècle. A l'appui de son opinion, M. de Dion constate qu'elles sont recouvertes de voûtes d'arête (1), et il en conclut qu'elles ne peuvent remonter à l'année 1130 environ, comme le reste du monument ; car, à cette époque, ce genre de voûtes était remplacé depuis long-temps par des voûtes à nervures croisées. Nous ne pouvons admettre une affirmation aussi catégorique. En effet, sans aller chercher un exemple bien éloigné, nous voyons dans l'église de Poissy, bâtie vers l'année 1130, suivant l'opinion de Viollet-le-Duc (2) et de M. Anthyme Saint-Paul (3), l'emploi simultané de la voûte d'arête dans le déambulatoire et de la voûte sur croisée d'ogives au-dessus de la nef et des bas-côtés. Nous connaissons encore des exemples de voûtes d'arête du XII⁰ siècle dans le chœur des églises d'Allonne, de Catenoy et de Montmille (Oise), sous le clocher de

(1) Toutes ces voûtes sont actuellement effondrées, mais les amorces encastrées dans les murs montrent bien qu'elles ont été construites.

(2) *Dictionnaire d'architecture*, t. IX, p. 494.

(3) *Simple mémoire sur l'origine du style ogival*, p. 25.

l'église de Tracy-le-Val (Oise) et dans la tribune adossée à la façade de l'église Saint-Pierre à Soissons. Il n'est donc pas inadmissible, comme le dit M. de Dion, que l'architecte de Saint-Germer ait employé les deux genres de voûtes, puisque d'autres constructeurs en faisaient un usage simultané dans l'Ile-de-France à la même époque. On pouvait parfaitement adopter au XIIe siècle dans la région un système de voûtes différent pour recouvrir les bas-côtés ou les tribunes d'une église, puisqu'un siècle plus tard, quand l'emploi de la voûte sur croisée d'ogives était encore beaucoup plus répandu, l'architecte de la collégiale de Mantes élevait des voûtes à nervures au-dessus des collatéraux et du déambulatoire, tandis qu'il faisait usage de la voûte en berceau brisé dans les tribunes.

Ce qui remonte évidemment au XIIe siècle dans les tribunes de Saint-Germer ce sont les arcades géminées qui encadrent ces galeries du côté de la nef. Le profil de leurs archivoltes, la moulure qui les encadre, le bandeau sur lequel elles s'appuient, présentent les caractères les plus certains de l'ornementation du milieu du XIIe siècle. La même remarque s'applique aux chapiteaux qui supportent leurs retombées, aux tailloirs et aux bases des colonnettes et au petit oculus ouvert dans le tympan (1). Enfin M. de Dion nous permettra sans doute de lui faire observer que les architectes de la région ne construisaient jamais de tribunes au XIe siècle. Les nefs des plus grandes églises

---

(1) Bien que les arcades des tribunes de la nef se trouvent aujourd'hui bouchées par des cloisons en mortier, il est facile de se rendre compte de tous ces détails à l'intérieur des galeries.

de cette époque encore intactes aujourd'hui, comme celles de Morienval, de Montmillé, de Saint-Léger-aux-Bois (Oise), de Berny-Rivière et d'Oulchy-le-Château (Aisne), n'en renferment aucun spécimen. Il est facile de constater la même particularité dans la nef de l'église de Saint-Germain-des-Prés, bâtie également au XIe siècle. Les premières tribunes construites dans le Beauvaisis furent celles de l'église de Saint-Étienne à Beauvais, qui ne doivent pas être antérieures à l'année 1110 et qui n'ont jamais été voûtées.

Si la théorie de M. de Dion était exacte, il faudrait considérer les ouvertures rectangulaires qui éclairent le comble des tribunes comme les anciennes fenêtres supérieures de l'église du XIe siècle, remaniées au XIIe siècle suivant la forme qu'elles affectent aujourd'hui. Il est facile d'éclaircir cette question en examinant ces ouvertures, non pas du côté de la nef, mais par derrière, sous la charpente des tribunes. On est amené à constater ainsi que les assises formant l'encadrement de ces baies sont placées au fond d'une ouverture carrée beaucoup plus grande, dont l'archivolte est en cintre surbaissé. Or, il est inadmissible que ces ouvertures aient jamais pu être des fenêtres du XIe siècle, car elles sont beaucoup trop larges, leurs pieds-droits ne sont pas ébrasés et leur cintre n'est pas régulier. La correspondance des assises et la moulure qui suit les bords de la baie du côté de la nef indiquent clairement que l'ensemble de ce travail ne fut pas exécuté avant le XIIe siècle.

Après avoir démontré que les arcades des tribunes et les baies qui les surmontent n'appartiennent pas au XIe siècle, nous allons prouver, contrairement à l'avis de M. de Dion, qu'aucune des fenêtres de la nef, du

bas-côté nord (1) et des tribunes ne doit être attribuée
à la même période. En effet, chacune d'elles est en-
tourée d'un cordon que M. Woillez a proposé le premier
d'appeler moulure en coin émoussé et qui est formé
de deux biseaux reliés par un méplat. Or cette moulure
caractéristique, qui est toujours appliquée sur l'archivolte des fenêtres, ne se rencontre jamais autour des
baies des églises du XI° siècle dans le Beauvaisis. On
la trouve au contraire à profusion sur les édifices
religieux bâtis au XII° siècle dans la même région, et
l'on peut en voir de nombreux spécimens à l'extérieur
des églises de Saint-Étienne de Beauvais, de Saint-Vaast
de Longmont, de Bury, de Cramoisy, de Coudun, de
Cauvigny, de Villers-Saint-Paul, de Breteuil, de Caufry,
d'Avrechy, d'Allonne et d'Angy (Oise). Est-il admis-
sible que, pour employer ce simple ornement, l'architecte qui a remanié l'église, comme le pense M. de
Dion, se soit donné la peine de remplacer tous les
claveaux des anciennes fenêtres du XI° siècle? On nous
objectera vainement qu'il fut obligé de changer l'archivolte afin d'agrandir les baies. Cet argument ne
peut pas être soutenu si l'on considère que les fenêtres
des nefs des églises du Beauvaisis étaient aussi larges
au XI° siècle qu'au XII°, parce que les nefs ne furent
pas voûtées avant l'année 1110 environ, et que rien
ne s'opposait dès lors à l'ouverture de larges fenêtres
dans les murs. La Basse-Œuvre de Beauvais conserve
des fenêtres qui furent bâties à la fin du X° siècle et
qui mesurent plus d'un mètre de largeur, et l'on rencontre des baies du XI° siècle aussi grandes à Saint-

_______________

(1) Si nous ne parlons pas des fenêtres du bas-côté sud, c'est
que quatre d'entre elles ont été refaites au XIV° siècle.

Léger-aux-Bois, à Morienval, à Oulchy-le-Château et
à Saint-Germain-des-Prés. Si un architecte s'était
contenté de remanier la nef de Saint-Germer au XII<sup>e</sup>
siècle, il aurait conservé intactes les anciennes baies
qui seraient encore entourées d'un cordon de billettes
comme celles de Saint-Germain-des-Prés. En outre.
s'il avait repris en sous-œuvre les pieds-droits et les
archivoltes, on en verrait facilement la trace, et les
assises nouvelles ne concorderaient pas avec les anciennes. Or, l'appareil des murs fait bien corps avec
celui des fenêtres, et comme la moulure en coin émoussé
indique par elle seule que les baies sont du XII<sup>e</sup> siècle,
il est permis de conclure que tous les murs ont été
bâtis à la même date.

Ainsi, les archéologues qui voudront adopter désor-
mais la thèse de M. de Dion seront forcés d'attribuer
au second quart du XII<sup>e</sup> siècle, en tenant compte de
nos observations, non-seulement toutes les colonnettes
des piliers et les voûtes de la nef et des bas-côtés, mais
encore les arcades des tribunes et toutes les fenêtres à
l'exception des quatre baies du bas-côté sud refaites au
XIV<sup>e</sup> siècle. Si l'architecte du XII<sup>e</sup> siècle a pris le parti
de modifier aussi complètement l'église bâtie au XI<sup>e</sup>
siècle par l'un de ses devanciers, n'est-il pas beaucoup
plus logique d'admettre avec nous qu'il a reconnu l'im-
possibilité d'en utiliser des parties importantes et qu'il
a fait une œuvre nouvelle?

Si la théorie de M. de Dion est aussi difficile à justifier quand on veut la vérifier dans la nef de l'église,
elle nous paraît encore beaucoup plus hasardée quand
on essaie de l'appliquer au chœur de l'édifice. M. de
Dion suppose qu'on a remplacé, au XII<sup>e</sup> siècle, les
colonnes isolées du déambulatoire primitif par des

faisceaux de colonnettes qui occupent aujourd'hui le même emplacement ; en outre, il est d'avis que les chapelles rayonnantes étaient voûtées en cul-de-four au XI<sup>e</sup> siècle. Il se borne à émettre ces hypothèses sans essayer de les justifier. Or il suffit d'examiner, dans l'église de Morienval (Oise), les dispositions du seul déambulatoire du XI<sup>e</sup> siècle encore intact dans la région pour s'étonner que les architectes du Beauvaisis aient pu construire à la même époque un déambulatoire qui aurait eu 6<sup>m</sup>, 90 de hauteur et 3<sup>m</sup>, 50 de largeur comme celui de Saint-Germer. Comment cette galerie pouvait-elle être voûtée, c'est ce que M. de Dion n'a pas essayé d'expliquer, car les essais timides et maladroits de voûtes sur croisée d'ogives, faits au XI<sup>e</sup> siècle à Morienval, ne l'autorisent pas à conclure qu'un architecte pouvait voûter en même temps à Saint-Germer un déambulatoire flanqué de chapelles rayonnantes par un procédé semblable, problème dont la solution ne fut trouvée que dans le second quart du XII<sup>e</sup> siècle, comme on peut le constater à Poissy et à Saint-Denis.

Tout ce que nous avons fait observer à propos des tribunes et des fenêtres de la nef s'applique également au chœur (1). En effet, on distingue autour des grands arcs en plein-cintre qui encadrent les baies géminées des tribunes (2), des cordons ornés de dents de scie, de feuilles d'acanthe, d'étoiles et de petits trous cubiques,

(1) Les voûtes d'arête qui recouvrent les tribunes du chœur ont été très-remaniées, l'une d'elles est même remplacée par une voûte sur croisée d'ogives dont les nervures n'ont aucun caractère.

(2) Nous avons mentionné dans notre précédent article des tribunes analogues dans la curieuse église de Chars (Seine-et-Oise), bâtie vers le milieu du XII<sup>e</sup> siècle.

décoration bien caractéristique du XIIe siècle qui em-
pêche d'admettre l'hypothèse de l'existence antérieure
des tribunes. C'est sous les combles de ces galeries
que se trouvent cachés les curieux arcs-boutants dont
nous avons signalé l'existence. En outre, les baies qui
éclairent la partie supérieure du sanctuaire, les tribunes et les chapelles rayonnantes sont entourées soit
d'un cordon d'étoiles, soit d'une moulure à coin
émoussé, soit d'un tore accompagné d'un biseau, détails qui indiquent toujours la première moitié du XIIe
siècle. Il est donc évident que l'architecte n'aurait eu
aucun intérêt à conserver quelques parties du XIe siècle
dans le chœur de l'église, puisqu'il était décidé à faire
des remaniements aussi considérables.

M. de Dion reconnait lui-même qu'il ne peut déter-
miner l'âge exact du chœur de l'église « faute d'une
connaissance suffisante de l'art du XIe siècle dans le
Beauvaisis. » C'est ce qui explique comment il a été
amené à soutenir une thèse aussi contraire aux caractères particuliers de l'architecture de cette époque dans
la région. Quant à l'idée émise par M. de Dion au sujet
de l'emplacement du clocher de l'église, dont l'historien
Guibert de Nogent fait mention au XIe siècle, nous ne
pouvons pas l'admettre à cause des raisons que nous
avons développées dans notre étude précédente, et nous
regrettons que notre honorable contradicteur n'ait pas
cru devoir exposer ses arguments comme nous avons
produit les nôtres, afin de jeter un nouveau jour sur
cette question. Du reste, M. de Dion croit apercevoir
encore la souche du clocher du XIe siècle sur le carré
du transept, mais il n'a pas songé que les quatre arcs
doubleaux qui encadrent cette partie de l'église sont
en tiers-point et remontent incontestablement au XIIe

siècle. Or, puisqu'ils ont été appareillés à cette époque, comment la souche du clocher qui aurait été établi au XIᵉ siècle en cet endroit pourrait-elle être encore visible aujourd'hui. Les deux amorces de murailles dont M. de Dion fait mention ne sont que les débris du clocher central bâti au XIIᵉ siècle.

En terminant cette réplique, il nous paraît nécessaire de résumer en quelques phrases les principales conclusions que nous persistons à soutenir :

1° On ne peut attribuer avec certitude aucune partie apparente de l'église actuelle de Saint-Germer au XIᵉ siècle ;

2° Il est impossible de savoir, dans l'état actuel de l'édifice, si les piles de la nef renferment des piliers plus anciens, et rien n'autorise M. de Dion à dire que ces supports primitifs ont $0^m,80$ de côté ;

3° Les piles et les voûtes de la nef et des bas-côtés, les arcades des tribunes, les fenêtres placées dans la nef, dans les collatéraux et dans les tribunes, ne sont pas antérieures au second quart du XIIᵉ siècle ;

4° Les remaniements qui peuvent être constatés dans le bas-côté méridional ont été exécutés au XIVᵉ siècle. On reconstruisit à cette époque une partie des voûtes et quatre fenêtres de cette galerie ;

5° Le carré du transept est contemporain de la nef, le croisillon nord a été presque entièrement rebâti, le croisillon sud est resté intact sauf la fenêtre supérieure du chevet, remaniée au XIIIᵉ siècle ;

6° Le chœur, le déambulatoire avec ses chapelles rayonnantes, les arcades des tribunes, les voûtes et toutes les fenêtres du sanctuaire appartiennent à la même époque que la nef.

En établissant dans notre précédent article que l'église actuelle de Saint-Germer avait dû être construite entre 1130 et 1150, nous nous étions surtout proposé de montrer que les auteurs qui s'étaient appuyés sur cet édifice pour faire remonter l'origine de l'architecture gothique au XIe siècle avaient soutenu une thèse inacceptable, et qu'il fallait absolument renoncer à admettre l'emploi des grandes voûtes sur croisée d'ogives et de l'arc en tiers-point antérieurement au XIIe siècle, dans la région du Nord de la France. Si M. de Dion n'est pas d'accord avec nous sur ce point et s'il peut arriver à reconnaître sûrement ce qui doit être attribué au XIe siècle dans l'église de Saint-Germer, nous sommes tout prêt à prolonger cette discussion, mais ce n'est pas l'étude des églises élevées dans le Beauvaisis et dans le Soissonnais au XIe et au XIIe siècle qui pourra lui fournir des arguments contraires à notre opinion.

Caen, Imp. Henri Delesques.